Copyright : Z4 Editions
ISBN : 978-2-490-59506-8

# Peu de chose(s)

Patrick Boutin

Illustrations de Pascal Dandois

# Peu de chose(s)

poèmes

« Un poème c'est bien peu de chose »
Raymond Queneau

Virevoltant dans la nuit blême,
À la lueur de l'abat-jour,
Flotte l'esprit du HLM :
Table Ikea, vue sur la cour,

Fauteuil en skaï les jours de flemme,
Canapé-lit les nuits d'amour ;
Sur la commode un ULM
En Lego, un petit tambour,

Une layette sans baptême,
Un hochet et des mots d'amour,
Un cahier d'école... Et l'aprèm,

La maman triste et sans secours
Suspend son vol au lustre même ;
Dans l'évier, des topinambours...

L'air glisse à travers la fenêtre
Entrouverte et voilée de tulle ;
La nuit s'éteint au chronomètre ;
Le rêve hélas se dissimule.

Et dans la brume du réveil,
Le songe abstrait qui s'évapore
Flotte dans le simple appareil
De ton corps nu contre mon corps.

Rêve excitant, ombre et malice,
L'écho dans le petit matin
S'efface alors comme un délice

Dans la misère du satin.
Je t'ai rêvée, Reine des lys,
Pur désir qui toujours m'atteint.

À l'état de veille, j'entends
Siffler le roseau et le merle,
Clapoter les ruisseaux chantants,
Tomber une à une les perles

De ton sautoir lorsque, tentant
De dégrafer vite le col
De ton bustier parme sentant
La fleur d'anis fleurant le khôl,

Je mets à nu ta gorge énorme,
Ton sein pesant depuis cent ans,
Ô vieille catin si difforme !

À l'état de veille, s'entend !
Il faut l'occire — et que je dorme ! —
La goule des amours d'antan...

J'ai peur que le monstre m'attrape,
Qu'il m'agrippe pour m'entraîner ;
Je me défends et je le frappe,
Battant des jambes pour freiner.

À peine pris, il me dessape :
Je suis nu comme un nouveau-né !
Que l'on me couvre d'une nappe,
Qu'on m'enroule d'un cache-nez !

Est-ce le diable, est-ce le pape ?
Une tarasque ou un poney ?
C'est la Main Noire qui me happe,

Du fond des draps amidonnés !
La nuit s'étend comme une chape,
La Main voudrait me bâillonner.

Le monstre rose à l'œil béant,
Le crâne offert de part en part
— Sous son arcade, un trou géant
Offre un tunnel aux cauchemars —,

Le monstre rose pousse un cri,
Un cri lugubre de hibou,
Un cri sinistre de proscrit,
Un hurlement de caribou.

Le monstre rose sans oreilles,
Les lèvres crispées sur les dents,
Goliath de craie aux joues vermeilles,

Jurant au ciel et contre Adam,
Lâche un soupir et se réveille
Dans mon miroir intimidant.

Une boîte de Mon Chéri
Posée sur une table en teck,
Un teckel finissant le steak,
À la télé une série.

Des fleurs en vinyle et un broc
Sur la vieille nappe en tissu,
Un faisan empaillé dessus,
Sur lequel le chien fait ses crocs.

La pâte à crêpe dans un bol
Large comme le bénitier,
Et par-dessous une auréole

De lait coulant jusqu'au dentier
Posé à même un vieux bristol :
Une liste pour l'épicier.

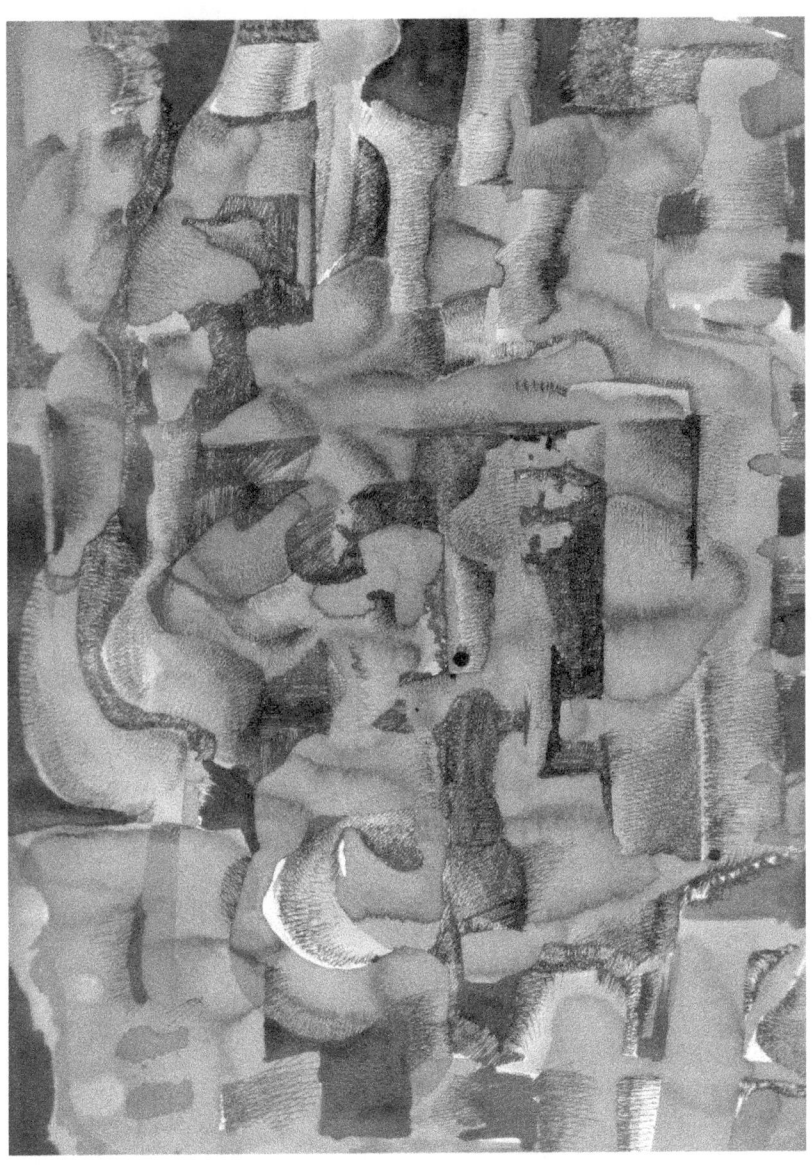

J'ai vu traîner un mousquetaire
Dans les allées de l'hôpital,
Dans la brume de Risperdal
Et le brouillard crépusculaire.

Et comme la mouette agitée,
Secouant pennes et rémiges,
Le fou s'envole et son prestige
Hante les murs inhabités,

Les longs couloirs peuplés de spectres,
D'hallucinés et de mutants
Aux doigts pourvus, comme des plectres,

D'ongles griffus se délitant.
Je te connais, frère d'Électre,
Fol d'Artagnan ou Capitan...

Je songe encore à ce mendiant
Qui mange l'herbe du bitume,
Le Canigou et le chiendent,
Les épluchures de légumes.

Les gens passent sans sourciller ;
Son chien s'abreuve au caniveau,
Parfois en train de mordiller
Un os de poule, un pied de veau.

Enveloppé de couettes sales,
De draps souillés par les mégots,
En se raclant les amygdales,

Le clochard compte son magot :
Des piécettes, juste cinq balles,
Après la quête des bigots...

J'entends siffler sa queue bifide
Dans l'obscurité vespérale,
Cogner ses pieds trapézoïdes,
Ses trois cols éructer des râles.

Pouvant faire frémir les ombres
De ma chambrette sans décor,
C'est un monstre hideux au poil sombre,
Qui se tapit dans l'angle mort

Où est suspendu mon miroir !
J'entends siffler comme un écho
Sa voix rauque de géant noir,

Tel un clairon de Jéricho ;
C'est l'insomnie qui vient le soir,
Ce démon nu : Sendormeco !

Ne pas oublier le Benco,
La pâte à pizza, les Tampax,
Le gel douche et les haricots,
Le déodorant, l'Atarax,

Le ketchup et le Mir Vaisselle,
Le Coca Light et le Pampryl,
Le thym, le laurier et le sel,
Le pesto et le Rivotril.

Prendre aussi quelques échalotes,
Du jambon et du salami,
Du thé et de la Dépakote,

Avec un kilo et demi
De pommes Golden, des carottes,
Du Risperdal, du Champomy.

Roulé en boule sur mes cuisses,
Le chat ronronne et se repose.
Il faudrait au moins que je puisse
L'oublier comme toute chose,

M'élever seul en pur esprit
Dans une euphorique assomption,
Vers la grâce d'un songe où prie
L'ange innocent... Mais la portion

De mon corps massif, ici-bas,
Fait ployer l'épais matelas
Qui m'engloutit dans son grabat.

Je me sens si lourd et si las
Entre le ciel et mes abats,
Comme entre Charybde et Scylla...

J'ai vu un homme et sa compagne,
J'ai vu l'enfant qui les suivait,
Et le pauvre chien qui se magne
Pour tenter de les rattraper.

J'ai vu cet homme sans espoir,
Errant dans le froid et la bruine,
Manger les pépins de la poire,
Et du raisin lécher la pruine.

Le fruit, la pulpe et tout le suc,
C'est pour l'enfant, c'est pour la femme !
Pour le mendiant, Monsieur le Duc,

Juste un pépin ! Est-ce Madame
La Duchesse baisant sa nuque ?
Le chien les suit et il s'affame...

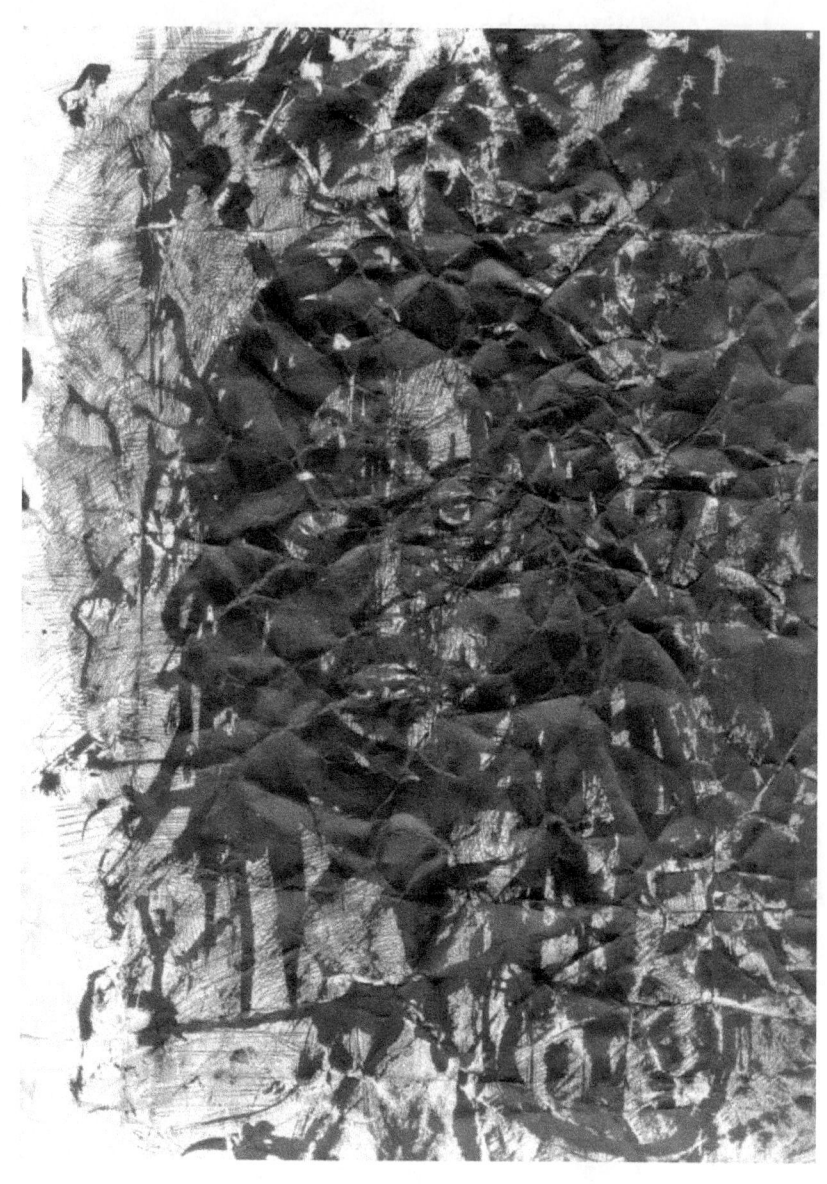

Pardon, madame, où sommes-nous ?
Je ne sais plus, j'ai oublié...
Vous êtes là sur mes genoux,
Sans avoir dû vous supplier.

Où sommes-nous, dites, madame ?
Dans quelque rêve où la beauté
S'assoie ainsi sur le quidam,
En gardant ses mollets bottés ?

Aucune injure ne me hante ;
C'est assez curieux quand j'y songe.
Vous ne me semblez pas méchante.

Mais je ne crois pas au mensonge,
Je me réveille et, pour amante,
La laideur me pince et me ronge.

Recroquevillé sur son banc,
La barbe immense poivre et sel,
Les bras ballants, genoux tombants,
Le froc serré d'une ficelle,

Un imper triste ouvert au vent,
Comme est ouverte sa braguette,
Décousu et troué devant
Par la braise des cigarettes,

Toujours il fume et il quémande
Un peu de tabac aux badauds :
« Pardon, madame, une Gitane ? »

Nul ne le voit pour qu'on lui tende
Sa nicotine ou un bédo,
Qu'il pourra fumer à Sainte-Anne.

Tous les matins je me réveille
Avec un peuple qui me hante,
Peuple hébergé par le sommeil,
Comme des esprits qui s'aimantent

Dans ma caboche, agglutinés,
Et qui s'estompent au matin...
Que font-ils donc de leurs journées ?
S'offrent-ils comme des catins

Dans les rêves d'autres quidams,
Parasitant alors leurs siestes ?
Leur confient-ils tous mes secrets ?

Comme des fleurs de macadam,
Exhibent-ils ce qu'il me reste
De désespoir et de regret ?

Dans ma rue il y a des centaures,
Des haridelles, des poneys,
Avec un buste de butor,
De cornac ou de japonais.

Dans ma rue les chevaux s'entourent
D'une farandole de gosses ;
Sur le manège, ils font cent tours,
Jettent leur lasso sur les rosses.

Dans ma rue il y a des ruades,
Des galops pour les galopins,
Des Amazones en balade,

Une licorne et des trottins
Qui trottent à côté d'un lad
En slalomant dans le crottin.

J'ai vu passer les trisomiques
À la queue leu-leu dans la rue,
Traversant face au Prisunic
Tels des anges réapparus.

Ils trottinaient à petits pas,
Les yeux bridés d'enfants chinois
— Oui, mais cela ne se dit pas —,
Le nez fripé sur le minois.

Comme j'aime les innocents,
Que tous regardent en se gaussant ;
Comme j'aime les voir sourire,

Les mains potelées pour nourrir
Les moineaux, et les saluer
Quand ils planent dans les nuées...

J'ai plein de maisons dans la tête,
Des villas avec des terrasses,
Des HLM et des beffrois,
Des gîtes ruraux, des appart'.

Je quitte l'un — faut que j'en parte —
Car il y fait vraiment trop froid ;
Je déménage et je me lasse
De la bicoque où je m'arrête.

Je suis vagabond sans logis,
Toujours sans toit et sur les routes
Des songes, par analogie.

Je n'ai besoin que d'une soute
À la lueur d'une bougie :
L'âme en est l'hôte — hélas j'en doute.

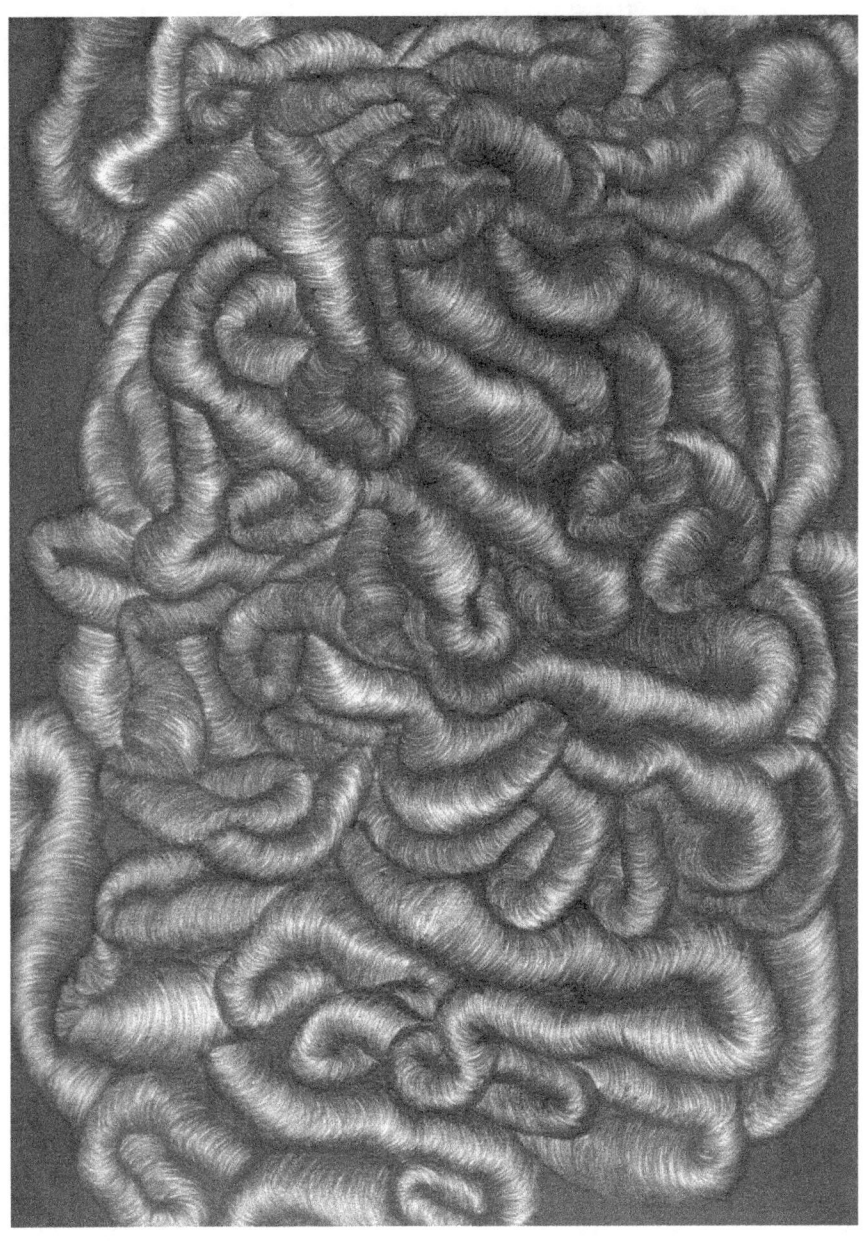

J'ai dans le ventre un hérisson,
Dans les oreilles des grenouilles,
Au fond de la gorge un pinson,
Des perce-oreilles dans les couilles.

J'ai dans le cœur une araignée,
Dans les poumons des papillons,
Des poux dans mes cheveux peignés,
Et dans la rate des grillons.

J'ai dans les reins des drosophiles,
J'ai dans le sang des scolopendres,
J'ai dans la tête des mésanges.

Je suis tout et rien, c'est facile.
Et s'il me faut un jour me pendre :
Dans la forêt ! Pour qu'ils me mangent.

Elle s'endort sur le trottoir
Sous des duvets en mille-feuille,
Et pionce dans les dépotoirs,
La pauvre enfant que nul n'accueille.

Elle mange des hamburgers,
Des pizzas et boit du Coca.
Elle fait rire les blagueurs
Dont les caniches font caca

Juste à côté de ses pantoufles,
Qui prennent la pluie quand il drache.
Dans le froid lorsque le vent souffle,

Elle grelotte et puis se cache
Dans ses couettes qui l'emmitouflent
Comme le tipi d'une Apache.

Portant un casque de moto
Sur un bonnet en laine mauve,
Ses yeux débordent de porto.
Blazer en skaï et presque chauve,

Il vérifie chaque hublot.
Il essuie du plat de la main,
Comme on dépoussière un tableau,
La machine en duralumin ;

Nettoie la lessive sur d'autres,
Pour toutes les épousseter.
Comme supporté par un fautre,

Il est hissé sur son balai,
Et, de peur que quelqu'un se vautre,
Dit : « Sol glissant », aux usagers.

Il est cinq heures du matin,
Je suis seul dans le canapé.
Le sommeil ne m'a pas happé.
Glissant comme sur des patins

Sur les dalles de travertin,
En plein cœur de l'obscurité,
Je me lève et vaque incertain :
Suis-je bien en sécurité ?

Je traîne ainsi dans le couloir,
Dans l'étroit boyau de sa gorge,
Sans savoir ce que peut valoir

Un rêve éveillé seul — ou dors-je ?
Vite un canon, un refouloir,
Contre le dragon de Saint-Georges !

Elle fait cogner ses sabots
Sous la rallonge en formica ;
Dans un saladier en plastique,
Elle équeute les haricots,

Puis rince dans le lavabo
Ses larges gaines en lycra,
Les reprise au fil élastique ;
Mélange la purée Vico,

Essuie la nappe, éponge enfin
L'évier en inox puis essore
La salade dans son panier...

C'est le Loto sur TF1 :
Sans s'apitoyer sur son sort,
Comme elle espère avoir gagné !

La tache au plafond se déplace,
En expansion dans tout l'espace
Du mur, des cloisons, des fenêtres,
Pour m'engloutir, pire peut-être !

Je tremble dans mon lit, hélas,
En la regardant face à face
Comme un trou béant qui peut naître
À tout instant dans le salpêtre.

Mon sang s'est figé et se glace,
Voyant apparaître des lettres
Fuligineuses à la place,

Des syllabes qui s'entrelacent,
Traçant mon nom, que je peux mettre
Comme épitaphe à ma jeunesse.

Le pauvre monsieur dans la rue,
Qui quémande un peu de monnaie,
Un matin est réapparu,
Comme quelqu'un que l'on connaît.

Son visage est si familier,
Avec des tournures de frère !
Prenez des hommes par milliers
Et, sans tenter de les distraire,

Cherchez-le au cœur de la foule,
Le pauvre monsieur bien caché,
Comme ce grain dans la semoule

Perdu au milieu du sachet :
Il est enfoui sous sa cagoule,
Et c'est votre portrait craché.

Il sent le pastis et la menthe,
Le tabac blond et les cachous,
Il sent la bière et ses mains sentent
Le maïs et le chabichou.

Il sent le savon et l'arôme
De son café arabica,
Le cognac et le chewing-gum,
Le thym et la dragée Fuca.

Il sent le miel et le pétrole,
La Ventoline et l'arnica,
Le dentifrice et mille alcools,

La pistache et le paprika,
Il sent l'aspirine et la colle,
Le vieil homme avec son houka.

J'aime à contempler le plafond,
Allongé sur mon lit de plainte,
Voir les ombres que mes mains font
Danser sur le stuc et les plinthes.

Ombres chinoises qui simulent,
Charbonneuses et inquiétantes,
Serpentant comme des limules,
Leurs formes familières hantent

L'âme esseulée et l'esprit morne
De taches presque indélébiles,
Qui semblent esquisser des cornes

Sur le front noir d'une gorgone,
Maculant de cendres hostiles
Ses yeux de diable ou de Klingonne.

J'ai cru voler tel un rapace :
Je suis tombé par la fenêtre.
J'ai cru voler le temps qui passe,
Voulant mourir afin de naître.

Je suis un oiseau, n'en déplaise
À ceux qui me tournent autour.
J'agite mes cannes anglaises
Comme des ailes de vautour.

Je suis un crabe avec mes cannes :
En garde ! ou alors je vous pince !
Que quelqu'un vienne et me dépanne !

Mais Tony Stark ! Que j'en ricane.
Qu'il me bricole et me décoince,
Et me transforme en Iron Man !

Effaré et l'estomac vide,
Teint blafard, visage livide,
Une pancarte autour du cou,
Il tend sa sébile et secoue

Quelques grelots sur son poignet.
Il est malade et mal soigné,
À moitié borgne et les pieds sales,
Qui dépassent de ses sandales.

Il ne veut qu'un peu de monnaie,
Que nul ne semble lui donner,
Pour s'acheter juste un sandwich :

Un euro ! Moins que le pourliche
Que j'ai donné dans un café,
M'y goinfrant de bœuf au mafé.

Simplement par peur de mourir,
J'en ai fini cinq jours plus tôt,
N'ayant pas envie de partir
D'un bête accident de moto.

Car la prédiction implacable,
Vue dans la boule du médium,
L'issue fatale, inévitable,
Me fit craindre une mort trop conne.

Je voulais partir autrement,
Sans être fauché par mégarde
Par un motard, décidément.

J'ai bu un ratafia de mûres,
Cinq jours plus tôt, en prenant garde
D'avaler tout le cyanure.

J'ai pris l'enveloppe et un bic.
J'ai pris mon temps avant d'écrire.
J'ai pris la peine et je m'applique.
J'ai pris une heure avant d'inscrire

Grâce au stylo sur l'enveloppe
Tes nom, adresse et numéro.
J'ai pris plaisir à fumer clope
Sur clope, et j'ai pris l'apéro.

J'ai pris mon courage à deux mains,
N'ayant pas fini mon porto.
J'ai pris froid seul sur ma moto,

Que j'avais prise, et, en chemin,
J'ai pris à gauche, et posté maints
P'tits cœurs que j'ai pris en photo.

J'ai gribouillé une figure,
Un vague rond et deux oreilles
Autour, un nez de belle allure,
Des yeux avec, tous deux pareils,

Sur le menton, j'ai accroché
Un infime croissant de lune
Pour le sourire, et j'ai coché
Le front avec des mèches brunes,

Mis des bijoux et des piercings
Un peu partout, lobes et nez.
Y aura pas besoin de lifting !

C'est le visage qu'on connaît,
De la cliente du pressing,
Du Franprix ou du wagonnet.

Je ne l'ai jamais regardé,
Je ne sais pas trop s'il existe.
Handicapé au nez fardé,
La tronche couverte de kystes,

Ses tempes sont eczémateuses,
Ses oreilles couperosées.
Sa tenue est aussi flatteuse
Qu'une wassingue déposée

Sur ses épaules de misère,
Voûtées à l'ombre des platanes.
Accroupi comme en plein désert,

Il s'apitoie sur ses tatanes
En pleurant de voir des causeurs
Pisser tous en chœur sur ses cannes.

Le crâne ennuyé de migraines,
Je vois le diable qui esquisse
Son rire satanique et plisse
Ses petits yeux fripés de hyène

Sur la figure archiconnue
D'untel, d'une enfant, d'un quidam,
D'un vieux monsieur ou d'une dame,
Sa gueule torve et biscornue,

Son front de braise et son bicorne :
La réalité se déforme !
Je vois des monstres, des licornes,

Tapis en chacun et d'énormes
Rats écœurants, des goules mornes,
Calquer les gens protéiformes.

Il s'assoie seul et les moineaux
Picorent le pain qu'il émiette,
Le vieil homme a la bonne tête
Pour être flashé par Doisneau.

Près du tram, au milieu des fientes,
Porte d'Italie, en casquette,
Parmi les dames si méfiantes,
Il nourrit les piafs qui béquettent.

Étique et sillonné de rides,
Les yeux transparents dans le vide,
Il ressemble un peu à Beckett.

Un vieux jogging et des socquettes,
Un moignon langé dans sa manche,
De l'autre main il fait la manche.

Faire les courses, mais avant
Ne pas rater Sophie Davant.
Acheter du papier Lotus,
Ne surtout pas rater Motus.

Acheter du riz, du boulghour,
Mais ne pas rater les Z'amours.
Acheter Axe et Pétrole Hahn,
Ne pas rater Jean-Luc Reichmann.

Acheter du gin, du Pernod,
Sans rater Jean-Pierre Pernaut.
Partir faire les commissions,

En ratant quelques émissions.
Rentrer, cuire du riz complet
— Seul ! —, voir Hanouna en replay.

Allongée comme un bloc de givre
— Dans un broc, quelques fleurs fanées —,
La morte attend qu'on la délivre.
Le front de cire, le crâne est

Luisant, lustré comme une boule
Sur la rampe de l'escalier ;
Les mains jointes, qu'on oubliait
Jadis d'embrasser, qui s'enroulent

Sur les seins flasques, que nul souffle
Ne soulève. Elle, qu'en pantoufles
On connaissait, a des souliers

Pour une fois sur ses varices
Violettes. Et la folle à lier
— Enfin morte ! — entrouvre les cuisses.

Je n'ai pas construit de maison :
Les murs auraient été branlants,
En biais le plancher, sans raison,
Bancal le toit... Nul goéland

N'aurait posé sur ma bicoque
Une once à peine de ses palmes,
Et dans le jardin aucun coq,
Pour fendre de son cri le calme.

Je n'ai construit aucun abri,
Aucun refuge, ni cabane :
J'en aurais cassé les fenêtres,

Pour marcher pieds nus dans les bris
De verre, où mon reflet se fane...
Et je n'ai pas de boîte à lettres.

J'ai pris l'enfant, je l'ai noyé,
Le bel enfant calme et choyé.
Nul ne devrait s'apitoyer :
Tourmenté seul dans son foyer,

Avait-il au moins goût à vivre,
Toujours englouti par ses livres,
Nu et cloîtré, chétif et ivre
De mille songes qui délivrent ?

Je l'ai noyé — peut-on l'entendre ? —,
Sa chair molle et son corps si tendre,
Sans hésiter, sans plus attendre !

J'aurais peut-être dû le pendre,
Ce bel enfant dans ma mémoire,
Le triste enfant, ma bête noire...

Dans le couloir, fossilisée,
Sans vivres, elle s'époumone
À tenter de mobiliser
Le caissier, l'élève ou la bonne

Qui défilent dans le métro,
Pour rejoindre office ou école,
Bureau, chantier, et jamais trop
Attentifs à la picrochole :

« Combat absurde et dérisoire !
Donner des cents à la pauvrette ?
La soulager, c'est provisoire,

Alors autant ne rien donner !
Y a tant de mendigots qui quêtent,
Pour se saouler : on les connaît ! »

L'artiste enfoui en plein tumulte,
L'impie qui n'honore aucun culte,
Assoie la beauté et l'insulte.
La femme est belle ; il peut l'épier,

L'esquissant de la tête aux pieds :
Il l'a exactement copiée
Sur la trame de son châssis,
Où, face à tout modèle assis,

L'image imprègne les lacis
De lin sur la toile enfin peinte.
La Beauté fixée dans les feintes,

Moins éphémère que la belle,
S'éternise dans l'aquarelle,
Alors capturée par ses teintes.

Un point final pour le poète,
Macaque épris de cacahuètes,
Crapaud revêtu de guenilles,
Truand avaleur de chenilles.

Un point final pour essayer
De stopper son disque rayé,
Pour s'échiner à décevoir
Sa muse qui sait recevoir,

Sa muse qui joue les catins,
Une rouleuse de patins
Qui prend les mots par la culotte.

Un point final et, je le note,
Plus rien, plus un mot, plus un cri,
Plus un phonème et rien d'écrit !

Achevé d'imprimer en août 2018
Pour le compte de Z4 Editions